Friedrich von der Trenck

Bilanz zwischen des Monarchen und der Kirchen-Gewalt

Friedrich von der Trenck

Bilanz zwischen des Monarchen und der Kirchen-Gewalt

ISBN/EAN: 9783743406872

Hergestellt in Europa, USA, Kanada, Australien, Japan

Cover: Foto ©ninafisch / pixelio.de

Weitere Bücher finden Sie auf **www.hansebooks.com**

Bilanz

zwischen

des Monarchen

und

der Kirchen - Gewalt

so wie sie

der Trenck abwägt 1790. Jul.

Cape tibi hoc

1790

Deme autem lucrum , Superos
      et Sacra negabunt
Templa ruent, nec erunt arae
      nec Jupiter ullus

                    Palingenius

Man zankt mit unbegränztem Eigendünkel und Fühllofigkeit im Ungrifchen Landtage wegen der einzufchränkenden Gewalt des Königs , wegen feiner und des Volks Privilegien , und das Diploma kann wegen Religions Zwiftigkeiten und ihrer wechfelfeitigen Widerfprüche nicht zu Stande kommen. Diefen Streit, der eigentlich gar nicht für die Präliminarien diefer Sitzungen gehöret , und das Wichtigfte des Gegenftandes nur verzögert, foll von mir in diefen Blättern näher beleuchtet werden.

4

Der Hauptfatz beruht eigentlich hie-
finnen.

Man will dem Könige in allem die
Hände binden, damit er ewig kein De-
fpot werden könne. Man will ficher für
die Zukunft feyn, dafs er die Rechte und
Privilegien der Nation weder zu krän-
ken, noch fo wie der Kaifer Jofeph zu
unterdrücken fähig fey.

Gut, redlich, vorfichtig, patriotifch
gedacht, und landesväterlich geforgt! Ich
will alles gut heifsen, was immer hier-
von gefagt, auch in vernünftiger Mäfsi-
gung entfchloffen werden kann. Und
kein Menfchen Verftand wird neue Grün-
de erfinden können, die man nicht bereits in meinen Anmerkungen und Schriften über die Franzöfifche Revolution gegen
die willkührliche Eigenmacht lefen kann.

Aber unbegreiflich fcheint es mir,
dafs niemand in Ungarn an die Einfchrä-

kung der Priester Gewalt denkt, und die-
ser die fortdauernde despotische Ober-
herrschaft ohnbegränzt gestatten will.

Ich will desshalb einige einleuchten-
de Vergleichungen zur Beurtheilung vorlegen, auch erweisen, wie kurzsichtig
man hier in Vorurtheilen geblendet den
Hauptgegenstand eines ehrwürdigen und
entscheidenden Landtages verkennet, auch
wie wenig man die Zeit und Gelegenheit
benuzt, um das Joch der unsichtbaren
Leibeigenschaft der Ungarn endlich vom
Halse zu werfen, und nicht nur eine
Freiheitswürdige, sondern auch eine
glückliche aus allen Sclavenfesseln geret-
tete Nation zu heissen, oder zu werden.

1) Man will der König soll keine
gesäzgebende Macht haben. Er darf die
Denkart, die Begriffe, die Handlungen,
die Sitten der Ungarn weder bestimmen,
noch für seine privat Absichten lenken
oder vielweniger zwingen.

A 3

Und wer ist wohl despotischer, allmächtiger in der Gesätzgebung, in der Beherrschung des Volkes, als der Priester? Der König befiehlt zu Beförderung der Industrie die Arbeitsamkeit: der Priester ordnet Walfahrten und Feyertäge. Er befördert und segnet den Müssiggang.

Der König, die Landesgesäze, wollen Diebe, Mörder, Bösewichte, Trunkenbolde strafen. Der Priester nimmt sie in seinen Schutz und asyla, trotz aller weltlichen Gewalt, und absolvirt den Missithäter von aller Strafe zeitlich und ewig. Der König hat weder Recht noch Gewalt einen wirklichen Shelm zum ehrlichen Mann, vielweniger zum Landrichter oder Magnaten zu machen. Und der mindeste Priester, hat die Gewalt, auch sogar öffentliche Erlaubnifs dem Volke glauben zu machen, dafs er ihn noch auf dem Rade von allen Sünden absolviren, und zum triumphirenden Besitze der ewigen Glückseligkeit befördern könne. Niemand wird mir aber

doch widersprechen wollen, daſs der mindeſte wirklich Selige im Himmel, gröſser
auch glücklicher sey, als der Palatinus, Pri-
mas und Iudex Curiä.

Ein Priefter hat demnach mehr Gewalt als der König. Man fiehts, man ift
davon überzeugt, und niemand wagts das
Volk anders zu belehren: Niemand mur-
ret gegen die Kirchen Despoten, niemand
arbeitet am Diploma um ihren Gewalt
Schranken zu fetzen, die jedem gefunden
Staate so nachtheilig als gefährlich ift. Dem
Landesvater, dem felbft gewählten, auch
durch Erbrecht rechtmäſsigen Könige
nimmt und befchränckt man alle Obergewalt. Und dem nicht von uns gewählten
Italiäner dem Papfte, dem Monarchen aller Katholifchen und Apoftolifchen Könige, welchem an Ungarns Wohlfart gar
nichts gelegen ift, der uns tirannifiren-
de und gefühllose Cardinäle, Nuntien, Bifchöfe, Scharfrichter und exeqvirende
Macht auf die Nafe fetzt, will man gar

keine Schranken vorfchreiben. Welche
fchreckbare Gewalt hat Er nicht über
Ungarn in Händen! Er kann uns binden
und löfen. Den Himmel verriegelen. Er
ordnet uns Priefter, Befehlshaber, und
Heilige, die im Wefentlichen nichts vermö-
gen, zu National Protectoren; die wir
nach feinem Winke verehren, ihnen fogar mehr Opfer zollen, als die Landes
Contribution beträgt, die doch kein König
willkürlich vergröfsern darf,

Welcher fürchterliche Stof, zum of-
fenbaren Nachtheil einer vernünftigen Po-
licey! durch welche alle mögliche Mifsbräuche, und Schandthaten privilegirt find.
Und niemand denkt an das Diploma gegen
die, alle Fundamental Gefätze der menfchlichen Verbrüderung zerftöhrende hyerar-
chifche Macht. — Man fiehts man empfindet die Bürde davon. Niemand wagt
es aber fie abzufchütteln. Verjährte Rechte des Juris Canonici, die Aberglauben
und Römer Lift ufurpirte, werden als

heilige Privilegia nicht nur fühllos geduldet, fondern wohl gar durch irrige Fundamental Gefätze verewigt, befchwo-
ren und beftätigt, wohl gar mit Blut befiegelt.

3) Ieder Magnat und Einwohner in
Ungarn mufs durch Erbfchaft, Sparfam-
keit, Induftrie, oder Chargeneinkünfte
fein Kapital fammeln, feine Güter acqvi-
riren, um feinem Stande gemäfs gefätzmä-
fig leben zu können.

Der Priefter hingegen ift an gar kein
Civilgefätz, er ift allein an Roms Will-
kühr gebunden. Dort fchwört er blinden
Gehorfam auch zum Nachtheil des Vaterlandes, welches ihn in voller Unthä-
tigkeit für die allgemeine Wohlfart in
blinder Ehrfurcht ernährt.

Ein Bifchof geniefst 10,000. auch
300000 fl. jährliche Einkünfte vom Schwei-
fse Ungarifcher Unterthanen. Die Bür-

ger, Bauer, Künftler, und Edelmann gerne
bezahlen auch durch Zwangmittel herbei
fchaffen. Und wer treibt feine fo genannte
Iura wohl mit mehr Strenge undUnempfind-
lichkeit, ein als der habsüchtige, unbarm-
herzige Priefter!

Wer viel Länder gefehen hat , der
erkennt in jedem Dorfe, bei jedem Acker,
bei dem Anblicke des ausgemergelten in
Elend fchmachtenden Landmannes fogleich,
dafs dafelbft ein Priefter herrfcht,

4) Der König foll laut Diploma nur
Adminiftrator des öffentlichen Schatzes
feyn , und Rechenfchaft ablegen. Und
niemand fordert fie von Bifchöfen , Klö-
ftern noch Prälaturen.

Die Einwendung ift. — Es find ihre
verjährte privilegia. — Gut. — Sind
aber diefe Privilegia nicht aus der Fin-
fternifs der alten Hierarchie, der gröbften
Præpotenz, der ufurpirten Gewalt entftan-

den? Arglift und heiliger Betrug bemäch,
tigte fich der Seelen Kräfte, der gefunden Vernunft unferer berückten blödfich,
tigen Vorfahren in die Zukunft. ,

Sollen aber die gegenwärtige ver,
nünftige Landesväter nicht die Gewalt
haben, foll es nicht ihre erfte Pflicht
feyn, klüger zu werden, klüger zu
handeln, da fie doch die Kirchengefchich,
te, wo nicht kennen, fo doch zu lefen
verbunden find? follen fie nicht endlich an-
fangen den Irrthum zu erkennen? und für
das im Joche feufzende, von Prieftern arm,
gemachte und in grober Unwiffenheit
dolofe erhaltene Volk zu wachen, zu
forgen, die der Klerifey mehr als der
Staats Caffa zutragen müffen? oder durch
Verblendung berükt, freywillig un,
ter allerhand Deckmantel zutragen? Wäre hier nicht ein Diploma, ein mäfsigen,
des Hilfsmittel nothwendig?

5) Der Papft zieht fichere Einkünfte
aus Ungarn, und ewig kommt aus Rom

zu uns nichts zurück. Warum macht man denn gegen feine Ufurpationen kein Diploma. Warum foll er mehr Gewalt haben, weniger verantworten, als der Ungarn König? Jedes Land forgt ja, daſs ein möglichſt proportionirtes Gleichgewicht im Stichhandel veranſtaltet werde, damit das baare Geld nicht über die Gränzen ſtröhme. Rom hat in Ungarn fein Monopolium. Wir zahlen Indulgenzen, Breve, geweihte Sachen, Reliquien, Rofenkränze, Brevier, Ablaſs, Heiligfprechungen und dergleichen Tändelwaaren mit unferm baaren Gelde, und taufchen folglich unbemerkt Rauch gegen Wirklichkeit.

Unfer König hat aber laut feinem Diploma nicht die Gewalt diefes Übel zu ſteuern. Er darf nicht einmal geſtatten, noch weniger befehlen, daſs fein Volk in diefen groben Irrthümern aufgeklärt werde. Sonſt heiſst man ihn einen Ketzer Protector, einen Ufurpator der Un-

grifchen Privilegieu. — Welcher Un-
finn — Schickt er fich für unfre Zeiten! —
Entehrt er nicht die Nation bei allen ge-
fitteuden Völkern Europens ?

6.) Hilft uns wohl Rom mit einem
Grofchen im Kriege, in Hungersnoth? Wir
erhalten, ja zur Unterftüzung der Päpftlichen Obergewalt in Ungarn fo viel Klöfter, Bifchöfe, und bekuttete Regimenter, dafs wir für diefes Geld unfern National Militairftand gewifs eruähren könn-
ten. Rom hingegen ftellt uns auch nicht
einen Rekruten für das Schlachtfeld, noch
zu unferer Vertheidigung, ja fo gar nicht
einmal gegen die Türken. Kaum haben
wir aber eine Provinz mit unferm Blute
erobert, fo find die Bifchöfe fchon er-
nannt, die das Land ausfaugen. Auch
wenn unfere Soldaten bluten, gewinnt
die Kirche noch Stiftmeffen, und milde
Stiftungen — Wer denkt aber an die
mindefte Vorkehrungen gegen diefen fref-
fenden Krebs im Staatskörper?

7.) Der Ungarn König foll keine Gewalt haben, deutfche Offiziere in die Ungrifche Regimenter zu ernennen. Und der Päpftliche Generalfeldmarfchal in Ungarn, der Cardinal, der ein gebohrner Ungar ift, mufs dem Papft in Italien den fchrecklichften Eid der Treue fchwören, welchem zufolge er aufhört ein Ungar zu feyn, da er fich verpflichtet, auch im Nothfalle Ungarn zu zerftöhren, und feine Hände in Bürger und Königsblut zu wafchen, falls es das Interreffe oder die geheime Abficht des Römifchen Hierarchen, unumfchränkten Defpoten fordert. — Kann ein folcher Mann wohl als ein Ungar angefehen, geduldet und verehrt werden.

Dennoch verbürge ich der Nation meinen Kopf und Ehre, dafs die Sache und der Eid juft fo, und nicht anders find, den er in Rom ablegen mufs, um Cardinal zu werden. Soll man denn denen Herren Cardinälen, die wir fo leicht entbehren können, nicht ein weit vorsichtigeres Diploma vorlegen, als unserem Könige? Wir wählen ja den Papst nicht: die Italiäner wählen ihn. Was geht denn sein Interesse, sein Herrschent, Entwurf den Ungarn an? Es sind Usurpationen, und wir heisen sie irrig jus aquisitum, oder privilegia sacra et Canonica. Welche unvergebliche Blindheit!

8) Man sagt. Der König soll gebundene Hände haben, um ohne Bewilligung der Landstände keine Neuerungen in der Contribution zu machen. — Wenn aber ein schlauer Priester die dumme Bauern mit dem Fegfeuer schreckt, und ihnen die halbe Gulden für die abgestorbene Seelen ihrer Weiber Väter und Kinder aus den Beutel würgt: Wenn Sammlungen für eine neue Heiligsprechung gemacht werden: Wenn auch etwan mancher Bischof geneigt wäre, eben so wie in Pohlen die Tauf Becken an die Iuden zu verpachten: Wenn sich der Papst für eine Ehbruchs

Dispensation, für eine Ehescheidung, eine Heirath zwischen Blutsfreunden von einem reichen Magnaten 30,000 fl. wollte bezahlen lassen, so hat er alle Gewalt dazu in Ungarn, und man arbeitet und zankt über sein Diploma gegen dergleichen Landesverderbliche Misbräuche gar nicht.

9.) Ich behaupte, dass 20000 Tartarn und Kalmucken ein Land nicht so verheeren und zu Grunde richten als 10000. herrschende Priester und Mönche: besonders die Termin Traber. Vor dem raubenden Tartar versteckt ein jeder seine Mobilien, Geld, Hausgeräthe, und Provisionen; wo aber der Priester herrscht, wird das Volk durch fromme Gauckeley. argliftig berückt. Man trägt sein Geld zum Opferkasten, seine Eswaren willig und freudig herbei, und bittet noch dazu alles mit Gnadenblicken anzunehmen.— Der Bettel-Mönch kommt noch dazu und holt den Rest ab. — Das Bauernweib

ftiehlt das letzte Stück Fleifch, Schmalz,
Speck ihren hungrenden Kindern, und
giebt es lieber dem fammelnden hochwür-
digen Herren, der ihr dagegen Ablafs giebt,
wann fie wider Chriften - Menfchen und
häufsliche Pflichten gefündigt, oder betrogen, gemordet, und geftohlen hat. —
Mann fehe Spanien, Portugal, Italien,
auch Öftereich, Kärnten, und Ungärn. —
Wer ift wohl bei uns Schuld, dafs Tugend,
Induftrie und Aufklärung nicht vorwärts
rücken können! Und dennoch will man
dem neuen Könige die Hände binden und
das Diploma foll ihm nicht geftatten; folche grobe Mifsbräuche abzufchaffen, die
den ufurpirten Tittel alter Privilegien
führen: und allein defswegen als heilige Rechte verehrt werden, die niemand
reformiren darf.

Der König, deffen erfte Pflicht ift für
die Wolfarth des Landes zu forgen, hat
alfo laut dem Diploma gar keine Gewalt

B

dazu, und foll noch dazu fchwören, dafs er es nicht thun will. Er darf die grobe Mifsbräuche, die Obergewalt der Priefterfchaft nicht berühren, fonft bricht der Wepfenfchwarm hervor, und zerftört alle arbeitfame Bienen im Staats- gebäude.

Gefchahe diefes nicht erft unlängft in Brabant, wo Aufruhr und Verrath ge- predigt, auch mit Blut befiegelt wird. Was würde die Priefterfchaft in Ungarn predigen, und erwirken, wenn man ihre Herrfch-und Habfucht untergraben wollte?

10.) Der König verwendet, unfre Contribution für die Erhaltung der Ar- mee, um uns in ruhigen Hütten zu fchü- zen, auch für die Juftitzverwaltung, und innere Bedürfniffe des Staats zu forgen. Wohin verwendet aber wohl die Geiftlichkeit die uns ausgefogene Schätze? Für ihre Pracht und Verschwendung, oder für ihre gemästete Familien Erben, oder für den Wanst wohlgefütterter müfsiger Mönche: Auch wohl am Landtage um Stimmen zu kaufen, welche gut brüllen, und vernünftige Mitbürger überschreyen auch überstimmen können, die den mindesten Vortrag gegen vaterländische Misbräuche wagen. — Sie misbrauchen demnach ihre Einkünfte zum Nachtheil des Landes, und niemand wagt es in der Versammlung vom Diploma gegen die Geistlichkeit zu sprechen, und ihre um sich fressende Obergewalt einzuschrencken.

11.) Roms Absicht, so wie es die Geschichte, der Augenschein und Thatsachen erweisen, ist ohne Widerspruch, die Universal-Monarchie Herrsch- und Habsucht. Hieraus folgt nothwendig die Intoleranz, die Verfolgung der besten Menschen, so bald sie anders glauben, als die Römer seine Staatsklugheit will, dafs wir alle glauben sollen. *Palingenius* sagt:

Hi sunt fex hominum, sentina malorum
Agnorum sub pelle Lupi, mercede co-
lentes.

Wer Augen hat zu sehen, wem der
Beichtvater das Lesen erlaubt, der ist hie-
von gewiss überzeugt. Denn so bald ein
Volk lesen und denken darf, wird es
aufgeklärt. Eben hiedurch verliert aber
die Römische Allmacht ihre Stütze, um
überall die Könige, die Magnaten und das
Volk in grober Unwissenheit und in ihren
Fesseln zu erhalten, und Fanatiker nach
Grundsätzen zu bilden. Eben desswegen
behauptet die Kirche mit so viel *Enthusias-*
mus in Ungarn die Seminarien, wo Prie-
sterbrut gezögelt wird, und aller Einfluss,
alle Direction der öffentlichen Schulen, in
ihren Händen bleibt: besonders sorgt man,
dass die Grossen des Landes von Priestern
erzogen werden. Dass der Beichtstuhl seine Gewalt behalte, und das Fegfeuer nie
leer werde. Ist es aber wohl wahrschein-

lich, dafs der Ungarn König jemals mit
dem beften Willen fo viel Gewalt und Einflufs in die Bildung der Nation und ihres
Karakters erhalten, oder über ihr Eigen-
thum, über ihre Gewiffen, Gefätze, Ge-
wohnheiten erzwingen könne, als der Priefter? Und wenn Er gleich mit dreimal
hundert taufend deutfchen Kriegern alles
vollziehen wollte, was Jofeph vielleicht im Schilde führte, und das kluge
Frankreich in einem Tage bewerkftellig-
te: fo würde er doch das Herz der fo-
genannten rechtgläubigen Ungarn nie fo
unumfchränkt beherrfcht, Ihren Willen nie
fo biegfam gemacht haben, als der mindefte Mönch zu erwirken vermögend ift,
weil der Edelmann und Bauer fein Zög-
ling fein Organ ift, durch welchen er feine Irrthümer verewigt. Die Geiftlichkeit
arbeitet demnach am Landtage am eifrig-
ften, um nur zu verhüten, dafs der König
keine Gewalt erhalte, feiner Priefterfchaft
Gränzen vorzufchreiben: und fie zu zwingen, dafs fie nicht den Aberglauben be-

fördern, fondern den moralifchen Karacter des Volkes verbeffern und ihnen Bürgerpflichten lehren. Das Diploma hingegen arbeitet für das Gegentheil gegen diefe gute Gewalt des Königes, und der gefunden Vernunft. Wer ift aber in diefer Befchäftigung wirkfamer als die Bifchöfe? Sind das wohl Väter des Vaterlandes und ehrwürdige Magnaten, die ihr Privatintereffe dem allgemeinen Beften vorziehen? Die am Landtage Mifsbräuche zu verewigen arbeiten! gehören wohl Männer, die ihrem Berufe, ihrer Exiftenz, ihren Grundfätzen gemäfs gar nicht Ungrifche Patrioten feyn können, in die Verfammlung der Landftände?

12.) Rom befiehlt, dafs man in Ungarn nicht ungrifch, fondern lateinifch beten foll. Die Landftände dringen darauf, dafs in allen Gerichtsftellen und Kanzelleyen, ja fogar bey feinen Königen alles in ungrifcher Sprache und Kleidung erfcheinen foll. Wer wagt aber dem Priester zu gebieten, dafs er eine ungrische Meſſe leſen, oder ſeine Kirchen-Diplomata in der ſo beliebten Mutterſprache verfaſſen ſoll? Der Papſt hat demnach weit mehr Gewalt, als der König, in Ungarn. Warum eifert man denn gegen den mächtigſten Deſpoten Europens nicht, der ſich das Recht anmaſſet Ungarn willkührlich zu beherrſchen, auch unſeren Königen die Krone zu rauben, wenn ſie ſeine Bannſtrahlen durch Erfüllung ihrer Fürſtenpflicht erwecken. Warum denn kein Diploma gegen den Kirchen-Deſpotismus? Iſt denn ſeine Wirkung weniger gefährlich gegen die ſo hoch geprieſene Freiheit der ſtolzen Nation, die ihren eigenen Königen gar keine Gewalt einräumen will? Wie himmelweit iſt die reine Religion von Kirchen-Miſsbräuchen entfernt. Und für die erſte eifert der Biſchof gewiſs nicht, wenn er nur ſeine Privatvortheile aus den Kirchengebetern behaupten kann. Die Erfüllung der Göttlichen ſind die mindeſte Beſchäftigung ſeiner Amts-

pflichten. Wenn nur das Volk alles blindlings glaubt, was er zu glauben befielt,
dann ift es ihm gleichgültig, wie fie leben
und handeln. Die Erfahrung beweifet
die traurige Wirkungen.

13.) Die Gefätze ftrafen den Übel-
thäter und Böfewicht. Die Priefter hingegen abfolviren und fchützen ihn. Näh-
ren alfo hiedurch Lafter und Verbrechen.
Sie trotzen und vernichten hiedurch alle
vernünftige Ordnung und Polizey, hiedurch gewinnen fie die Ehrfurcht, das
Zutrauen des Pöbels. Die Zahl der Tu-
gendfamen und Redlichen ift die mindefte.
Der grofse Haufen wird demnach von ihnen gelenkt, und dienet ihren Abfichten blind gegen das Vaterland. Eben defswegen find alle Revolutionen welche fie
anfächeln und unterftützen, die gefähr-
lichften. Und der befte König erhält im
Diploma keine Gewalt um dem gefährlich-
ften Ausbruche vorzubauen. Man denkt
und forgt auch nicht bei dem Landtage

gegen die gröſste Gefahr. Man arbeitet und zankt vielmehr eifrigſt, um den Religionshaſs zu befördern, und erweitert die Gelegenheit für Auftritte, die Ungarn in eine Wüſte verwandeln können.

14.) Dem Könige vertraut niemand was er denkt. Alles bleibt Ihm ein undurchdringliches Geheimniſs. Im Beichtſtuhle und vertraulichen Umgange hingegen entdeckt die Kleriſey alles, was ſie wiſſen will: Sie ergründet Herzen und Neigungen, und weiſs wozu ein jeder zu brauchen iſt.

Man hegt ein allgemeines Miſstrauen gegen alle Ungarn, welche in Wien Hofſtellen beſitzen, und vertrauet denen alles, die dem Römiſchen Hofe dienen, ihm auch ſogar blinden Gehorſam ſchwören müſsen. Welcher grobe Irrthum?

B 5

15.) Der Schatz des Staats ist seine Jugend. Wer bildet diese? Gewiſs nicht der Staat, sondern der Clerus. Alle Schulen und Seminarien find in ihrer Gewalt. Die Kinder werden nicht nach dem Staats sondern nach dem Kirchen Kathechismus erzogen. Und *res semel imbuta recens seruabit odorem testa diu.* Als Männer find sie sodann ihre Werkzeuge im Beichtstuhle, und auf dem Sterbebete ihre Melkkühe.

Der Ungarn König darf hierinnen nichts abändern, um auch für sich für die Staatsbedürfnisse Jünglinge zu zöglen, und seine Fächer im Reiche mit brauchbaren Männern zu besetzen. Überall findet er Widerspruch im Jure Canonico. Die Bischöfe behaupten den Vorsitz in allen Erziehungsanstalten, so wie in dem Landhause, und entreiſſen hiedurch der Landesregierung allen Einfluſs, alle Gewalt klügere Vorkehrungen zu machen und Staat und Religion von Miſsbräuchen

und Mifshandlungen zu reinigen. Wie
nachtheilig find die Folgen diefer einge-
fchlichenen Obergewalt über das weltliche Regiment. Und das Diploma fpricht
auch diefsmal nichts für Gegenmittel. Der
König foll nichts zu verändern Gewalt
haben.

16.) Wie kann wohl ein Priefter gute brauchbare Bürger bilden? der nur
nach Grundfätzen feines Kirchen-Ober-
haupts lehren darf! Wie kann der, welcher der Welt, dem Gehorfam für alle
weltliche Gefätze, aller Bürgerpflicht ent-
fagt, Männer für den Staat bilden? Wie
kann der Pflichten lehren, der fich felbft
weder kennt, noch empfindet. Wo ler-
nen unfere Jünglinge erhabne Wiffenfchaften, die den Verftand aufklären, das
Herz beffern, den Reiz der gefellfchaft-
lich und fittlichen Tugenden fchätzen ler-
nen? Wer lehret ihnen die Kunft Menfchen, fich felbft zu kennen, ihre Leiden-
fchaften befiegen, oder im Umgange mit

Menfchen klüger, auch glücklich zu wer.
den? Wo hören fie das mindefte von
Vaterlandsliebe, von Ehre, von Grofs-
muth, von kühnen Unternehmungen, in
grofsen Gefahren? Der Priefter lehret
ihnen fklavifchen Gehorfam, verbietet
ihnen das Denken, und Forfchen, bildet
kriechende Schmeichler und Hof-Sklaven,
Schurken im gefellfchaftlichen Leben,
die alle Gefätze mit Füfsen tretten, weil
fie verwägene Befchützer der rechtgläubigen Ablafs-Krämer find. Und kurz gefagt, ein Priefter forgt wenig um einen
ehrlichen und brauchbaren Mann hervor-
zubringen. Was ift demnach fchädlicher,
auch gefährlicher, als ihnen die Erzie-
hung unferer Kinder blindlings zu ver-
trauen? Man fieht es auch aus denen Folgen wie felten in Römifch-Katholifchen
Ländern ein grofser Mann auf die Welt.
bühne tritt. Wo die beften Genien für
die Klöfter oder Kirchen Vortheile wegge-
kapert, oder unfähig gemacht werden,
fich aus dem Gefichtskreifse der Theolo-

gen gewaltfam loszureiffen. Dann erfcheinen fie auf der Weltbühne entweder als
zügellofe wilde Thiere, die von Leiden-
fchaften hingeriffen, deren Gefahr fie nie
kennen lernten, ihren Leib, ihre Seele
zu Grunde richten, oder fie haben eine
halbe Lebenszeit zu arbeiten, um die in
der Jugend eingeprägte Vorurtheile zu
bemeiftern, und fich aus dem Labyrinthe
ihrer Onthologifch - und pfychologifchen
Wörterfpiele loszuwickeln. Erfcheinen
fie in Gefellfchaften aufgeklärter Männer,
dann fchaudern fie entweder befchämt zurück, oder die Strohköpfe, welche nach
Schulregeln nur pedantifch argumentiren
lernten, find hartnäckig und eigenfinnig
in Vertheidigung lächerlicher Grundfätze.
Dergleichen Leute find unfähig ihre Ein-
fichten zu erweitern, und dienen bey Land-
tägen vortreflich, um recht viel Lermen
zu machen.

Wie mancher Deputirte folcher Art
wird von feinem Profeffor oder Beichtva-

ter inftruirt feyn, wie er allen guten Staats-
entwürfen entgegen fchreyen, und allein
alles auf die allein feligmachende Religion
reduciren foll. Dann kommt in Confeffu
gewifs kein vernünftiger Mann zum Vor-
trage: denn dergleichen Kloppfechter können und wollen eben nichts erweifen —
Ihr gemeinfchaftliches Gebrüll erfchüt-
tert die Luft, alles mufs fchreyen, und
des Landtags wahrer Zweck wird verei-
telt: weil juft folche Maulpatrioten die
lächerlichfte Propofitionen für das Diploma hervorftoppeln.

Ich wiederhole nochmals, dafs die
Theologen weder Staats- noch Weltbür-
ger bilden können, und will hier nur ein Ar-
gument im fcholaftifchen Fache anbringen.

Der Theolog lehrt: Du follft alles blind glauben, ohne zu prüfen,
noch der Wahrheit nachzugrübeln.

Der Philofoph fagt: — Du follft
nichts glauben ohne Ueberzeugung nec

fine ratione fufficienti: du follſt den Ver-
ſtand zur Unterſuchung, und Gegenein-
anderhaltung der Säze brauchen. Und
dennoch ſitzen unfre Theologen auf dem
Lehrſtuhle der Philoſophie, und entfer-
nen den Menſchen vom Denkungskreiſſe,
wenn ſie ihm mit leeren Wortſpielen
und Verdrehungen die Beurtheilungskraft
verirren. Der ehrliche Mann foll ſich
ſelbſt keine ſchlechte Handlung verge-
ben: auch nicht glauben, daſs ein gerech-
ter Gott, Schurken in der menfchlichen
Gefellſchaft in Gerichtsſtellen und bei Hofe befchütze, genug, wenn fie die Kir-
chengebothe erfüllen. Der Theolog hingegen lehrt, daſs Ablaſs und Buſse alles
verſöhne, folglich ein Böſswicht dennoch
ein guter Chriſt ſeyn könne. Dem wahr-
haft ehrlichen Manne muſs aber gar keine Handlung reuen: er muſs allein für
die Tugend leben, und nicht auf Abrech-
nung guter Werke gegen Böſse, wie ein
Schwein im Wahnſumpfe wühlen. Wenn
ein Offizier eine Feſtung dem Feinde

verrathen hat; fo wird ihm in der Beicht
der Francifcaner höchftens 7. Ave Maria
auflegen, daun ift er abfolvirt und wieder engelrein. Was kann man alfo für
Zöglinge aus folchen Schulen erwarten;
wo fo leicht Indulgenz nach Religions-
Grundfätzen zu gewinnen ift, und der
Mann nur nach dem Gewichte feiner
Leichtgläubigkeit gefchätzt wird?

Ferner — Die Staatswiffenfchaft
lehrt die Population, und der Theolog
das Coelibat. Diefer lehrt blinden Gehorfam, aber nur der geiftlichen Obrigkeit, Wi-
derfpenftlichkeit hingegen wider die Weltlichen. Der Edle Ungar fpricht nur von
Freiheit, will keinen Zwang dulden, und
ift doch ohne Murren ein elender Sklav
der hyerarchifchen Macht. Man verei-
nigt fich noch dazu um dem Könige allen
Einflufs auf die Verbefferung der gröbften
Staatsmängel einzufchränken, und will
die unfichtbare Leibeigenfchaft in Ungarn
als ein ewiges Fundamentalgefätz anneh-

men. Die Kirchentyrannen follen noch eben die Gewalt behalten, welche fie zu Zeiten des Heiligen Stephan mit der Regierungsform unzertrennlich verwebten, und in die Fundamentalgefätze einzurücken Gelegenheit fanden. Welche unvergebliche Thorheit, die wirklich fanatifchen Eigenfinn gebähret, der die befte Gelegenheit eine edle Freyheit rühmlich zu behaupten bey diefem Landtage ohngefühlt vorbey raufchen macht!

17.) Das ganze bürgerliche Leben ftützt fich auf die herrfchende Religion. Da nun die eingeriffene Misbräuche derfelben in einem Lande den Verfolguns-geift wecken, wo verfchiedene Glaubensarten und Meinungen geduldet werden müfsen. Wo die Unterthanen des grofsen Reichs nicht mehr alle einen allein feligmachenden Glauben erkennen wollen, fo ift die Mühe ficher vergebens alle zu vereinigen, oder die dem Chriftengott abfcheuliche Zwangmittel des Oberften

Römifchen Bifchofs hervorzurufen. — Man lafse alfo einem jeden ruhig glauben, was er will. Und forge dagegen für vernünftige Gefätze, welche allen Mitgliedern gemeinfchaftliche Abfichten zur Wohlfahrt einflöfsen : Ihre Handlungen beftimmen, allen Ausfchweifungen vorbauen, und den wahren Patriotismus in Ungarn befeelen. Dann werden uns gewifs keine Religionsftreitigkeiten verwirren, und das königliche Diploma wird keinen Widerfprüchen unterworfen feyn. Weil der König kein Pater Inquifitor, fondern der Vater, der Freund, das Vorbild aller feiner Unterthanen feyn foll: welches Leopold ohnfehlbar auch ohne Diplom feyn wird.

18.) Ich werfe hier noch eine Frage auf.

Das Vaterland fordert Thatfachen, Mitarbeitung. Der Theolog lehrt Entfernung von Weltgefchäften und Müfsig-

gang. Die Gefätze fordern tugendfame
Bürger, nachfichtige Priefter: Edel han-
delnde Edelleute, und arbeitfame Unterthanen. Alles foll handeln, und der Theolog dringt allein auf den Glauben, in fo
weit ihm fein Zwang einträglich ift.

Was foll nun wohl im Diplom dem
Könige für eine Gewalt gegeben werden,
um bey folchen Widerfprüchen einen Mit-
telweg zu finden, und beide Theile zu
vereinigen? Alle Arten von Zwift zwi-
fchen Unterthanen, gehören aber nicht
nach Rom zur Entfcheidung.

19.) Ohne Salbung ift die Krönung
ungültig. Wer falbt den König? Ein
Bifchof, weil der Papft fich durch Ufur-
pation das Recht Könige zu krönen, auch
abzufcaffen zugeeignet hat. Grofses Vorurtheil, welches unfre Könige vor den
Augen der Hellfehenden gewaltig erniedri-
get. — Auch Samuel bemeifterte fich fchon

C 3

diefes Rechtes. Aber Gott behüte Ungarn vor Saul und Davids Regierungsform, wo man unter dem faubern Priefterlichen Königreiche die fchwangern Weiber zerrifs, die Säuglinge an Steine zerfchmetterte, und die Bürger mit eifenén Sägen lebendig von einander fchneiden liefs. — Gott behüte uns fag' ich vor einen Hohenpriefter, wie *Eli* war, und feine Söhne *Hofni* und *Pinebas*. Wem etwa bey uns nach einem priefterlichen Königreiche gelüftet, der warte auf das Ende der Brabantifchen Rebellion, die von Prieftern geleitet wird. Und dann rücke man einen anwendbaren Artickel in das Diplom des Ungrifchen Königes.

, Indeffen forge man, dafs unfre Kirchenvorfteher gründlicher ftudieren, damit fie bey Widerfprüchen der Proteftanten fich klüger betragen, und beffer widerlegen können. Man leite die Menfchen durch Belehrung und Ueberzeugung auf den rechten Weg, dann diefes ift das

eipzige Mittel um den Abfall zu verhin-
dern, und den eckelhaften Tittel eines
Renegaten nicht unpaſſend zu misbrauchen.

Man bearbeite vielmehr jetzt einen
ſoliden Plan, welcher aber vielleicht erſt
ſeinen Zweck in der dritten *Generation*
erreichen wird ; eingewurzelte Staats-
fehler zu verbeſſern, den Nationalkaraktern wieder in richtige Leitung zu bringen
fordert Zeit, Geduld, einen richtigen Entwurf, und anhaltende Standhaftigkeit. Das
*Inquiſitions*gericht erbittert und verheeret.
Roms Macht muſste immer ſteigen: weil der
Geſichtspunkt bey alten Hinderniſſen dieſelbe Richtungslinie behielt.

Eben ſo, und nicht anders ſey auch
des gegenwärtigen Landtages Grundſatz
veranſtaltet, und endlich glücklich ausgeführt. Dieſes ſey der Wunſch eines
jeden Patrioten, der zur ernſthaften Mitwirkung geneigt und fähig iſt. Und macht
dieſer Rath Eindruck, ſo ſorge man auch
für das Diplom, welches unſre Geiſtliche

Monarchen hindert, damit fie nicht Defpoten werden, noch bleiben können, um
alle gute Plane zu zernichten. Wir müffen aber dabei auch die Griechifche Kirche nicht vergeffen, und auf die Folgen
ihrer Ausbreitung eben fo als gegen die
Erweiterung des Juden Wuchers wachen.
Principiis obfta, fero medicina paratur.

Ich bin auch kein Partheygeift der
Proteftanten : denn meine Kinder find in
der Römifch-Katholifchen Religion erzogen, gegen deren Mifsbräuche ich fo patriotifch kämpfe. Sie find eben fo intolerant
als alle Priefter, wo fie Gewalt in Händen haben. Man fiehts in Schweden,
Holland , und Engelland. Aber fie find
weniger fchädlich, weil ihre Zahl nicht
fo grofs ift, weil fie durch den Eheftand
Mitbürger und Väter werden; weil fie
vom Fegfeuer gar keine Einkünfte genie-
ffen, und nicht von Rom abhängig find.
Man hat viele Beifpiele in der Gefchich-
te, dafs Päpfte und Mönche unfre Köni-

ge ermordeten, und Aufruhr und Verrath
anzettelter, oder begünstigten. Aber noch
hat kein proteſtantiſcher Prieſter den Kö-
nigsmord gepredigt, noch vollzogen,
noch keine Bluthochzeit, keine *Siciliani-*
ſche Veſper, keine *Brabantſche* Ver-
wüſtung, keinen Kreutzzug noch *Emigra-*
tion, noch Meineid verurſacht, keine Ka-
pitalien nach Rom geſchickt, deſswegen
ſind ſie dem Staate nicht ſo gefährlich,
als der Jeſuit, nicht ſo blutgierig, als
der Dominikaner, nicht ſo läſtig, als der
Franciskaner, nicht ſo gefräſsig, als unſre
Domherrn, noch ſo intollerant und unwiſ-
ſend, als unſre Biſchöfe.

Uebrigens muſs man auf verjährte *Pri-*
vilegia und *Fundamental*geſätze eben nicht
eigenſinnig ſeyn. Die gegenwärtig im
allgemeinen Landtage verſammelte Väter
des Vaterlandes haben ja eben das Recht,
welches ihre Vorfahren zu Stephans Zeiten ausübten. Sie können Irrthümer abändern, eine neue *Conſtitution* machen,

auch Gefätze verändern, die für unfre
Lage und Zeiten eben nicht mehr anpaf-
fend find. Ungarn darf nicht allezeit ein
kriegerifch Volk feyn; bey dem Genufs
eines erfochtenen Friedens, auch feinen
fittlichen und moralifchen Zuftaud verbeffern, und mit allen Nationen Europens
in Wiffenfchaften und verfeinerten Ge-
fchmack weteifern. Moifes Opfergefätze
werden jetzt bey allen Juden nicht mehr
vollzogen. Solons, Licurgs Gefätze find
in Griechenland vergefsen: auch wir be-
fchneiden unfre Kinder nicht mehr, wie
die erften Chriften und Apoftel. Die Ge-
bote des Attila, des Gengishans in Afien,
des Cromwels in London, des Cäfars in
Rom, der Franken, Hunnen und Longo-
barden in Deutfchland, Frankreich und
Italien gelten nicht mehr. Und manche
Verordnungen, die zur Zeit St. Stephans
für Ungarn heilfam waren, find jetzt nicht
mehr anwendbar, Stephan wäre gewifs
auf des Papftes Befehl mit allen damals
fanatifchen Ungarn in den Kreutzzug

nach Jerusalem gezogen, und hätte Ungarn entvölkert. Sollte jetzt wohl Leopold eben das thun, wenn es dem Papst gefiel neue Kreutzzüge zu gebieten? — Die Zeiten sind klüger geworden.

Ich glaube aber dennoch, dafs heute, falls ein Bischof einen solchen Vortrag in der Versammlung machen wollte, einen Kreutzzug gegen die raisonnirende Protestanten zu unternehmen, sein Anhang gewifs *Vivat* und *Fiat* rufen, und das Diploma dem Könige gebieten würde, dafs er Roms Befehle *ad litteram* vollziehen solle.

Uebrigens hat diese Schrift keine andre Absicht, als meine Gedanken offenherzig mitzutheilen. Ich bin in meine Arbeit nicht verliebt, noch in meinen Grundsätzen versteinert, und lasse mich gerne belehren. Man antworte! so werde ich anders überzeugt schweigen, oder meine Sätze beweisen.

Der Klugheit gemäß hätte ich von allen ſchweigen, und mich in gar nichts miſchen ſollen. Ich erwecke mir unverſöhnliche Feinde in Ungarn zu einer Zeit, da ich mein Recht bey ihnen ſuchen wollte. Die unerſchrockene Wahrheitsliebe macht mir aber allen Eigennutz vergeſſen. Ich ſehe, daß Aufdeckung des Vorhangs für die allgemeine Wohlfahrt nothwendig iſt: und gleich ſteh ich bewafnet auf dem Kampfplatze da,

Die Beſitzer meiner ungriſchen Güter, ſind ſchon längſt von ihren Beichtvätern abſolvirt, ohne Reſtitution gemacht zu haben. Sie ſind alſo ſchon lange durch Kirchen Privilegia im eben ſowohl verdienten Beſitze des Himmels, als ihre Erben im Genuſſe meines Reichthums. Dieſen prediget auch gewiß kein Biſchof vom Fluche ungerechter Güter. Um ſo viel weniger werden ſie jetzt gewiſſenhaft für mein Recht votiren, wenn ich es bey denen gerechten Landſtänden

und von der Billigkeit der Ungrifchen
Gefätze, und Herzen Aufmerkfamkeit fordern werde.

Ich habe Reichthum entbehren, und
Nothdurft erwerben gelernt. Bin alfo in
allen Vorfällen dankbar oder gleichgültig,
und fcheue den herrfchenden Schwarm
böfer Menfchen nicht, weil ich des Bei-
falls aller ehrlichen Männer verfichert
bin, den mein Betragen verdienen will.
Diefes ift mein Zweck auch in Ungarn.

T r e n c k.

44

Merkwürdiges Jurament,

welches

allein alle Ungrifche Bifchöfe dem Papfte
fchwören müfsen.

Mit

kurzen Anmerkungen begleitet

von

Trenck.

_____

Pilan. Origenum Iuris Pontificii pag. I. §. tit.
VII. de Confecratione Epifcoporum.

Pilati. Vom Urfprunge der Päpftlichen Rechte,
Seite I. §. tit. VII. von der Einweichung
der Bifchöfe.

_____

Gegenwärtig *fchwören alle Ungrifche Bifchöfe dem Papft nicht nach der Grego-
rianifchen Vorfchrift; fondern nach einer neueren, die weit ausgedehnter ift,
nach der Verordnung des Papft Clemens
VIII. Diefes Eides Innhalt ift buchftäb-*

lich aus dem Römisch - Päpstlichen Ge-
sätzbuche überfetzt, wie folget.

Der Bifchöfe - Jurament
in Ungarn.

Ich NN. erwählter Bifchof der Kirche in N. fchwöre und gelobe, dafs ich
von diefer Stunde an treu und allein gehorfam feyn werde dem heiligen Apoftel
Petrus, und der heiligen Römifchen Kirche, auch unferm Herrn und Oberhaupte
dem Papft, auch allen feinen rechtmäfsi-
gen Nachfolgern. — Ich werde niemals
dem Rathe beywohnen noch beiftimmen,
noch mit Rath und That das Mindefte be-
willigen, wo jemand unter uns das Leben oder auch nur ein Glied verlieren,
oder durch Schleichwege verleitet werden könnte, oder falls man Gewalt wider
fie brauchen, oder die mindefte Beleidi-
gung zufügen wollte, unter was vor Vor-

wande es immer geschehen könnte. Den
Rath, die Befehle, die man mir directe
oder durch einen Nuncium zuschickt, noch
Briefe, die ich deßhalb erhalte, werde
ich Niemanden entdecken.

Dem Papst und denen Vorrechten
des Stuhles Petri will ich aus allen Kräften beystehen, sowohl um dieselbe zu
erhalten als zu vertheidigen: und das mit
Vorbehalt meines Standes, meiner Vor-
schrift, gegen einen jeden Menschen ohne Ausnahme * — Alle Päpstliche Ab-
gesandte will ich im Her und Rückreise
ehrwürdig empfangen, auch frey halten.
Es soll auch mein einiges bestreben seyn,
alle Rechte, Ehre, Privilegien, und das
Ansehen der heiligen Römisch - Catholi-
schen Kirche, unfres Herrn des Papsten,
und seiner Nachfolger und Bevollmächtigten zu erhalten, zu schützen, zu ver-
mehren auch zu befördern und gelten zu
machen. ** Ich will auch keinem Rathe

* Also auch gegen den König, Landes
Gesätze, und Vaterland
** Also auch Aufruhr gegen den Staat an-
zuzetteln, und Blutbäder zu verursachen.

beitretten, noch weniger mitwirken noch mich in Vergleich einlaſſen, wo das Mindeſte gegen die Perſon, Ehre, Rechte, Srand, oder Obergewalt gegen unſern E i - n i g e n Herrn, den Papſt oder die Römiſche Kirche unternommen werden ſollte. Und ſo bald ich bemerke, daſs, etwas gegen dieſelbe geſchmiedet, oder entworfen würde, will ich mich mit aller Macht entgegen ſtellen, auch ſo ſchleunig als möglich entweder unſerm Kirchenhaupte ſelbſt, oder dahin berichten, wodurch Er ſogleich von allem genaue Kundſchaft erhalten ſoll. *

Die Verordnungen, Befehle, Angelegenheiten, Reſervationen, Vorkehrungen und Entwürfe des Papſtes will ich mit unbegränzter G e w a l t beobachten, auch ſorgen, daſs andre ſie genau erfüllen ſollen. Alle Ketzer, Abtrinnige, und Rebellen gegen unſern Herren oder deſſen Nachfolger will ich nach allen möglichen Kräften verfolgen und bekämpfen.

---

* Folglich iſt ein Biſchof nicht Bürger nicht Patriot; ſondern Feind des Vaterlandes und privilegirter Spion in Ungarn.

Wann ich zu einem Sinod berufen
werde, foll, mich nichts zurück halten
perfönlich zu erfcheinen, auffer wenn mich
ein bifchöflich Amtsgefchäft zurückhält.
Mein Biftthum will ich alle drey Jahre
felbft fehen und unterfuchen: und meiner
geiftlichen Obrigkeit allein Rechenfchaft von meinen Amtspflichten ablegen:
von allen denen Dingen, welche für das
mir vertraute Amt, zur Zucht der Geiftlichen und des Volks, und zum Seelen-
heil aller mir anvertrauten Menfchen gehöret. Dagegen will ich alle Apoftolifche
Befehle mit blinden Gehorfam annehmen,
auch vollziehen. Sollte ich auch durch
eine rechtmäfsige Verhinderung zurück-
gehalten werden, fo will ich doch alles
durch einen befonders hierzu erwählten
bevollmächtigten Nuntius, oder fo ich
diefen etwan nicht finden könnte, durch
einen Priefter eines andern Biftthums,
falls aber keiner hiezu zu wählen wäre,
durch einen weltlichen Mann auf deffen
Eifer und Religionsgehorfam ich mich
ficher verlaffen kann, und der mündlich
genau inftruirt ift, nach Rom berichten,
oder wenigftens falls ich auch hierinn
verhindert wäre dem nächften Cardinale

im geheimen Concilio entdecken, um meinen Bericht dem Nuntius vorzulegen.

Keine Befitzung, die für meinen Tifch gehört, will ich weder verfchenken, verkaufen, noch verpfänden, noch von neuem mit L e h e n s r e c h t e verleihen, noch auf irgend eine Art in Layenhande gerathen lafſen, wenn gleich mein Kapitel feine Betätigung hierzu geben wollte, ohne mich vorher in Rom anzufragen. *

Sollte ich mich auf irgend eine Art gegen diefe Verbindung vergehen, fo unterwerfe ich mich allen über folches Verfchulden beſtimmten Strafen.

So wahr mir Gott helfe.

***

* Welche fchreckliche allen Staatsburgern nachthteilige Verbindung, fo gar Lehne einzuziehen?

D

Pilati Origenum Juris Pontificii p. I.
§. *Tit. VII. De Confecr. Episcoporum*
fic habet.

Hodie Episcopi jurant foli Romano
Pontifici non fecundum formulam Grego-
rianam, fed fecundum aliam recentiorem
& ftrictiorem, quæ eft Clementis VIII.
cujus tenor ex Pontificali Romano de-
fcribitur:

Ego N. Electus Ecclefiæ N. ab hac hora in
antea fidelis & obediens ero Beato Petro Apo-
ftolo, Sanctæque Romanæ Ecclefiæ & Dómino
Noftro Domino N. Papæ fuisque fuccefforibus
canonice intrantibus. Non ero in confilio aut
confenfu, vel facto, ut vitam perdant, aut
membrum, feu capiantur mala captione; aut in
eos violenter manus quomodolibet ingerantur;
vel injuriæ aliquæ inferantur, quovis quæfito
colore. Confilium vero, quod mihi credituri
funt per fe aut Nuntios fuos, feu litteras ad
eorum damnum, me fciente, nemini pandam.
Papatum Romanum & Regalia S. Petri adjutor
eis erq ad retinendum & défendendum, falvo
meo ordine contra omnem hominem. Legatum

apoſtolicæ ſedis in eundo & redeundo honorifice tractabo. Jura, honores, privilegia, & auctoritatem Sanctæ Romanæ Ecclesiæ, Domini Noſtri Papæ & Succeſſorum prædictorum conſervare, defendere, augere & promovere conabor. Neque ero in conſilio vel facto, neque tractatu, in quibus contra ipſorum Dominum Noſtrum vel eandem Romanam Ecclesiam aliqua ſiniſtra, vel præjudicialia perſonarum, juris, honoris, ſtatus, & poteſtatis eorum machinentur. Etſi talia a quibuscunque tractar, vel procurari novero, impediam hoc pro poſſe; & quanto citius potero, ſignificabo eidem Domino Noſtro, vel alteri, per quem poſſit ad ipſius notitiam pervenire. Regulas Summorum Pontificum, decreta, ordinationes, ſeu diſpoſitiones, reſervationes, proviſiones, & mandata apoſtolica totis viribus obſervabo, & faciam ab aliis obſervari. Hæreticos, Schismaticos & Rebelles eidem Domino Noſtro vel Succeſſoribus prædictis pro poſſe perſequatet impugnabo. Vocatus ad Synodum veniam, niſi præpeditus fuero canonica præpeditione. Apoſtoiorum limina ſingulis trienniis perſonaliter per me ipſum viſitabo, & Domino Noſtro ac Succeſſoribus præfatis rationem reddam de toto meo paſtorali officio, ac de rebus omnibus ad

D 2

meæ Ecclefiæ ftatum, ad Cleri, & Populi di-
fciplinam, animarum denique, quæ meæ fidei
traditæ funt, falutem quovis modo pertinenti-
bus, & viciffim mandata apoftolica humiliter
recipiam, & quam diligentiffime exequar. Quod
fi legitimo impedimento detentus fuero, præ-
fata omnia adimplebo per certum Nuntium ad
hoc fpeciale mandatum habentem, aut his mihi
deficientibus per Diœcefanum Sacerdotem, &
Clero deficiente omnino, per aliquem alium
Presbyterum fæcularem vel regularem, fpecta-
tæ probitatis & religionis de fupradictis omnibus plene inftructum. De hujusmodi autem
impedimento docebo per legitimas probationes
ad S. R. C. Cardinalem proponentem in Con-
gregatione S. Concilii per fupradictum Nuntium transmittendas. Poffeffiones vero ad men-
fam meam pertinentes non vendam, nec do-
nabo, neque impignorabo, nec de novo in-
fudabo, vel aliquomodo alienabo, etiam cum
confenfu Capituli Ecclefiæ meæ, inconfulto Romano Pontifice. Et fi ad aliquam alienationem
devenero, pœnas in quadam fuper hoc edita
conftitutione contentas eo ipfo incurrere volo.
Sic me Deus adjuvet &c.

Man

Man lefe, ich bitte, mit offenen Augen, und ohne Vorurtheil diefes erfchröck-
liche Jurament der Ungrifchen Bifchöfe!
Ein Cardinal fchwört noch weit unbegränzter. Und fpreche fodann das Urtheil aus.

Ob ein Bifchof ein Ungrifcher Patriot feyn könne, und wenn er es wirklich feyn wolle: Ob er es ohne Meineid feyn darf? Ob er in die Zahl der Ungrifchen Magnaten und Bürger gehöre?

Ob man folchen dem Staat gefährli-
chen Männern die Erlaubnifs geben dör-
fe, dafs fie als Beifitzer am Landtage das
Wort führen, mitftimmen, oder wohl
gar präfidiren follen?

Ob fie nicht die ärgften Feinde des
Vaterlandes find. Da fie dem Papft fchwören müfsen; dafs fie für fein Interefse
auch das Vaterland zerftöhren, Blutbäder,
Rebellionen anfächeln, und Ungehorfam
gegen die Landes-Gefätze befördern wollen.

Wehe jedem Volke, wo der Priester Zwietracht sichten, und die bürgerliche Verbrüderung zerstöhren kann! Sie
haben Geld, Macht, Einfluss auf die mei-
ste Herzen, Gelegenheit, und Willen,
durch Bestechungen, Glaubenszwang,
Priesterränke und Herschgeist, Aufruhr
und Verrath, Widerspruch zu erregen:
auch alles zu vereiteln, was ächte Ungrische Patrioten für wahre Wohlfarth des
Reiches veranstalten wollen.

Freunde! Macht die Augen auf! und
sehet! Wo der Priester im Rathe sitzt
und Stimmen behält: da wird der Ungarn
König ein Unterthan des Papstes. Ihr
aber traget Sklavenfesseln der zügellosen
und von euch nickt im Kapzaume zurück-
gehaltenen unbarmherzigen Priestergewalt,
die euch in die alte sittenlose Anarchie,
und Unwissenheit ohnfehlbar zurück stür-
zen, und desshalb alte königliche Gewalt
unterjochen will, weil sie über Aristo-
kraten und Volk bereits durch Erzie-

hungsgrundſätze herrſcht, auch durch be-
förderte Uneinigkeit ihren herrſch - und
habſüchtigen Entwurf ohnfehlbar ausfüh-
ren wird, und ſollten auch Blutſtröme die
vaterländiſche Erde düngen.

Principiis obſta, ſage ich noch einmal, ſero medicina paratur.

Wer mich aber tadeln will, daſs
ich als ein Fremder in Ungarn mich un-
terſtehe in einem ſo kürzlichen Fache
frey zu ſchreiben, den bitte ich die hie-
ſige fanatiſche Schriften zu leſen, welche Volk und Monarchen miſshandeln. Ich
hingegen ſchreibe nicht gegen Könige
noch Vaterland, ſondern nur gegen Prieſtergewalt. Und es iſt Pflicht des ehrlichen Mannes die Wahrheit ohngeſcheut
zu vertheidigen, beſonders aber die dro-
hende Gefahr abzuwenden, und den wahren Feinden des Vaterlandes die Larve
abzureiſſen, welche in eben dem Zeit-
punkte, da der Edle Ungar ſeine Frey-

heit auf dauerhaften Füßen gründen will, Ihn in die abſcheuligſte Leibeigenſchaft unter Prieſtergewalt zu ſtürzen beeifern.

Mein Zweck iſt, dieſes erſchröckliche Uebel abzuwenden, und den Vorhang von der vermummten Wahrheit zu zerreiſſen. Hier ſtehe ich mit offener Bruſt bereit, um alle mögliche Einwürfe gegen meine dem Ungarn ſo nothwendige Einſichten, ohne Widerſpruch zu widerlegen, wo kein Inquiſitiongericht Gewalt hat, treue redliche gute Schriftſteller wie Waldſchnepfen zu braten. Hievor behüte uns der barmherzige Gott! Und wider dieſe Bluthunde ſchütze uns und ſich ſelbſt jeder rechtſchaffene Ungar, der nicht mit offenen Augen betrogen ſeyn will.

www.ingramcontent.com/pod-product-compliance
Lightning Source LLC
Chambersburg PA
CBHW030720110426
42739CB00030B/1038